Ursula Kraemer

Mehr Zeit

Arbeit organisieren
Stress verringern
Freiräumegewinnen

Impressum

© Ursula Kraemer

Alle Rechte Ursula Kraemer, Friedrichshafen

2. Auflage 2023

Satz, Umschlaggestaltung: Ursula Kraemer

Herstellung und Verlag:

BoD - Books on Demand, Norderstedt

ISBN: 9783753435138

Printed in Germany

Bildnachweis: yente van eynde (Tipp 4), puje (Tipp 5), stil (Tipp 7) LaCatarina (Tipp 24), standsome-worklife-style (31), jeanette dietl (Tipp 35), alle Fotolia.com Sabine Kunzer (Portraitfoto)

Wer wenig Zeit hat, möchte keine langen Abhandlungen lesen. Deshalb fasst die Autorin die wichtigsten Erkenntnisse des Zeitmanagements in 35 Tipps kurz, knapp und sofort umsetzbar zusammen. Selbst wenn Sie nur einge der Tipps anwenden können, werden Sie doch sehr schnell merken, dass Sie besser durch Ihren Tag kommen.

Die Tipps in Kürze

Tipp 1   Eine Bestandsaufnahme machen
Tipp 2   Prioritäten finden
Tipp 3   Prioritäten setzen
Tipp 4   Mit dem Chef sprechen
Tipp 5   Ziele definieren
Tipp 6   Wege zum Ziel finden
Tipp 7   Schriftlich planen
Tipp 8   Eine To-Do-Liste erstellen
Tipp 9   Aufgaben notieren, nicht nur Termine
Tipp 10 Der Aufgabe einen Zeitraum geben
Tipp 11 Entlastungsfragen stellen
Tipp 12 Den Einsatz reduzieren
Tipp 13 Einen ungestörten Platz suchen
Tipp 14 Die Erreichbarkeit einschränken
Tipp 15 Die Tür schließen
Tipp 16 Rückfragen vorbeugen
Tipp 17 Mails nur zweimal täglich abrufen
Tipp 18 Den Posteingang entrümpeln
Tipp 19 Die Drei-Minuten-Regel anwenden
Tipp 20 Den Briefverkehr rationalisieren
Tipp 21 Delegieren
Tipp 22 Blockweise arbeiten
Tipp 23 Auf den Augenblick konzentrieren
Tipp 24 Terminieren
Tipp 25 Den Perfektionismus abbauen
Tipp 26 Ordnung schaffen
Tipp 27 Den Spaß suchen

Tipp 28 Fortschritte würdigen
Tipp 29 Den Monitor ausschalten
Tipp 30 Entschleunigen
Tipp 31 Multitasking vermeiden
Tipp 33 Die Technik nutzen
Tipp 33 Nein sagen
Tipp 34 Checklisten anlegen
Tipp 35 Arbeiten sinnvoll unterbrechen

Zu guter Letzt:
Pausen machen – rechtzeitig!

Einleitung

Das Tempo in der heutigen Arbeitswelt wird immer schneller. Die Aufgaben, die auf dem Einzelnen lasten, häufen sich. Verantwortlichkeiten werden neu aufgeteilt, Teams werden verschlankt und frei werdende Stellen nicht mehr besetzt. „Wie soll ich das denn bloß schaffen?", fragen sich manche.

Was früher noch eine Woche Zeit hatte, soll heute bereits nach einem Tag erledigt sein. Die elektronischen Medien mit ihren Möglichkeiten tragen, trotz aller Entlastung, ihren Teil zur Beschleunigung bei. Besprechungsergebnisse werden postwendend erwartet, Angebote sollen sofort nach dem Telefonat beim Kunden sein. Werden Mails nicht schnell genug beantwortet, erfolgt bereits die telefonische Nachfrage.

Ich selbst war mit der Frage, wie ich meine Zeit am besten organisiere, konfrontiert, als ich mich selbständig gemacht hatte, zuerst in Teilzeit, später um für die ganze Familie den Unterhalt zu verdienen. Denn zusätzlich zur Arbeit als Businesscoach, den Fahrzeiten zu Auftraggebern musste ich einen Haushalt mit drei Kindern und einen Garten versorgen. Es standen Entscheidungen an: Was muss unbedingt erledigt werden, was kann warten, was geht gar nicht? Doch auch die Frage nach meinen Werten stand im Raum: Was ist mir in meiner Rolle als Mutter wichtig? Mit welchen Standards will ich den Haushalt auf dem Laufenden halten? Was sollten Kunden und Klienten von meinem Service erwarten dürfen? Die Instrumente zum Zeitmanagement halfen mir weiter.

Wenn ich etwas gelernt und für gut befunden habe, gebe ich es gerne an andere weiter. Zeitmanagement gehörte deshalb zu meinen ersten Seminarthemen. Inzwischen waren mehrere hundert Teilnehmer dabei und konnten auf der Grundlage der vermittelten Inhalte ihr Selbstmanagement verbessern.

Doch auch bei meinen Coachingklienten spielt Zeitmanagement eine wichtige Rolle. Nicht immer auf den ersten Blick, denn manchmal sind es andere Gründe, ein Gespräch zu buchen. Wer z.B. am Arbeitsplatz einer hohen Belastung ausgesetzt ist, sieht oft nur noch im Stellenwechsel den Ausweg. Doch es scheint fraglich, ob dies die beste Lösung ist. Zumindest keine, die an erster Stelle stehen sollte. Meist gibt es noch eine Reihe von Möglichkeiten, die Selbstorganisation zu optimieren. Z.B. Gespräche mit Chefs zu führen, um Verbesserungsvorschläge einzureichen, oder um herauszufinden, wie Abläufe in Projekten und die Abwicklung von Aufgaben zum Nutzen aller energie- und zeitsparender verändert werden können. Und manch einer hat trotz aller Zweifel doch jemand zur Unterstützung an die Seite bekommen, weil er sich endlich getraut hat, die Fakten zu benennen.

Es geht hier also in erster Linie darum zu prüfen, ob sich das eigene Selbstmanagement verbessern lässt und welche Änderungen in der Arbeitsorganisation Abhilfe schaffen. Nicht alles wird in Ihrer Macht liegen, doch sollten Sie alle Möglichkeiten ausschöpfen, die Sie beeinflussen können.

Sollten alle Versuche nicht greifen und Sie keine spürbare Entlastung finden, dann ist immer noch Zeit, sich nach einer anderen Stelle umzuschauen. Eine verbesserte Selbstorganisation bringt Ihnen natürlich auch dort Vorteile.

Handeln Sie nach dem Motto:

> Change it - Verändere es.
>
> Love it - Nimm es an.
>
> Leave it – Lass es los.

Interessanterweise zieht die Suche nach einem anderen Arbeitsplatz zwei neue Aspekte nach sich:

- Sie kennen Ihren Marktwert und wissen, dass Sie auch in einer anderen Firma unterkommen können. Das macht Sie stärker. Sie sind deshalb auch eher bereit, mit mehr Nachdruck bei Ihrem jetzigen Vorgesetzten Entlastung einzufordern.

- Sie wissen zu schätzen, was Sie an Ihrem alten Arbeitsplatz haben und was Sie dafür in Kauf nehmen wollen. Wer etwas akzeptiert, hört auf, dagegen anzurennen, zu jammern und zu leiden.

Sie haben dann nicht vorschnell gehandelt und genau die drei Schritte vollzogen, die für eine fundierte Entscheidung sinnvoll sind.

Als berufstätige Frau und Mutter stehen Sie vor der besonderen Herausforderung, alles unter einen Hut zu bringen. Vielleicht sogar sind Sie am Arbeitsplatz gut organisiert, schaffen es jedoch nicht, diese Fähigkeit auf das Private zu übertragen. Allein der Gedanke, dass die Familie einem Unternehmen gleicht und Familienangehörige Mitarbeiter sind, kann Ihnen Entlastung bringen und die Bereitschaft, Verantwortung abzugeben und Aufgaben zu teilen.

Die nachfolgenden Tipps helfen Ihnen, die Ansatzpunkte herauszufinden, die für Sie persönlich in Frage kommen und die Sie in Ihren Arbeitsalltag integrieren können.

Tipp 1
Eine Bestandsaufnahme machen
Nur wer weiß, wofür er seine Zeit einsetzt und wie lange einzelne Aufgaben dauern, ist in der Lage, gut zu planen. Auch wenn es Ihnen widerstrebt – machen Sie eine ehrliche Bestandsaufnahme. Bestim-

men Sie, in welchem Bereich Sie Ihre Selbstorganisation verbessern wollen.

Das kann Ihre Arbeit im Gesamten sein oder nur Teile davon, wie z.B. Ihre Art, Teambesprechungen durchzuführen oder Kundenbesuche zu planen und zu absolvieren. Wenn Sie allerdings das Gefühl haben, Ihre Zeit läuft Ihnen grundsätzlich durch die Finger, dann sollten Sie in Erwägung ziehen, Ihre Tage, also Arbeits- und Freizeit, grundsätzlich einer Prüfung zu unterziehen.

Auch ist es möglich, Ihr ganzes Augenmerk auf den Haushalt zu richten. Haus- und Familienarbeit laufen gefühlsmäßig oft so nebenbei: Die Waschmaschine füllen, das Abendessen auf dem Nachhauseweg besorgen, die Hausaufgaben der Kinder kontrollieren. Wenn Sie sich bewusst machen, wieviel Zeit Sie dafür aufwenden, bekommt dieses Engagement eine andere Bedeutung.

Am leichtesten lässt sich die Bestandsaufnahme in einer Tabelle, einen Tagesrapport, darstellen. Bereiten Sie einige Blätter vor und legen Sie sie neben sich an den Arbeitsplatz. So können Sie Ihre Eintragungen bequem vornehmen, und zwar zeitnah, also jedes Mal, wenn Sie eine Arbeit beginnen und beenden.

Lassen Sie sich nicht dazu verführen, Ihren Tagesrapport erst nach einigen Stunden, z.B. in der Mittagspause oder kurz vor Feierabend aufzufüllen. Solche pauschalen Eintragungen sind keine

Grundlage für eine aussagekräftige Auswertung. Zum einen werden Sie versucht sein zu beschönigen (muss ich unbedingt aufschreiben, dass ich zwischendurch im Netz gesurft habe?) oder wichtige Vorkommnisse sind bis dahin aus Ihrem Gedächtnis verschwunden.

Ihre Tabelle kann so aussehen:

Uhrzeit	Aufgabe	Bemer-kung	Unterbre-chung
9.00	Mit Präsentation begonnen	zu spät angefangen	Kollege hat Frage
9.30	Teamsitzung	Einge laufen raus wegen Anrufen	Meine Anwesenheit war nicht nötig
10.15	Protokoll der Sitzung		Dank Vorlage schnell gemacht

Ein Tagesrapport, den Sie einige typische Tage lang hindurch sorgfältig geführt haben, ist die Basis für eine aussagekräftige Auswertung. Sie werden staunen, was daraus abzulesen ist.

Auswertungsfrage:
Wie lange dauerte diese Aufgabe im Schnitt?
Konsequenz:

Auf der Grundlage Ihrer Aufzeichnungen können Sie eine funktionierende Planung erstellen.

Auswertungsfrage:
Welche Unterbrechungen/ Zeitdiebe kamen vor?
Konsequenz:
Führen Sie eine Stille Stunde ein, schließen Sie die Bürotür für eine Weile und stellen Sie Gewohnheiten ab, mit denen Sie sich selbst ablenken.

Auswertungsfrage:
Wann können/konnten Sie sich am besten konzentrieren?
Konsequenz:
Legen Sie wichtige Arbeiten nach Möglichkeit in diesen Zeitraum.

Auswertungsfrage:
Wodurch wird Ihre Konzentration beeinträchtigt?
Konsequenz:
Schaffen Sie Ordnung an Ihrem Arbeitsplatz, legen Sie nur das bereit, was Sie im Augenblick brauchen, und notieren Sie Gedanken und Ideen, um sich später damit zu beschäftigen.

Auswertungsfrage:
Wann haben Sie die wichtigsten Aufgaben in Angriff genommen?
Konsequenz:
Bestimmen Sie die Prioritäten Ihrer Arbeit oder Ihres Lebens und nehmen Sie diese als erstes in Angriff.

Auswertungsfrage:
Wo verschwenden Sie Zeit?
Konsequenz:
Seien Sie ehrlich mit sich selbst.
Abhilfe könnten Sie schaffen, indem Sie sich neue Kompetenzen aneignen, um besser zu arbeiten, sich an Ihren Prioritäten orientieren, Perfektionismus und Aufschieberitis abstellen.

Auswertungsfrage:
Machen Sie Aufgaben, die nicht in Ihren Verantwortungsbereich gehören?
Konsequenz:
Lernen Sie Nein zu sagen und lesen Sie Ihre eigene Stellenbeschreibung noch einmal. Bei Abweichungen bitten Sie Ihren Vorgesetzten um ein Abstimmungsgespräch.

Sie werden übrigens nicht dafür bezahlt, dass Sie Kollegen dauernd aus der Patsche helfen.

Und noch etwas anderes können Sie herausfinden: Welche Aufgaben, Projekte oder auch Menschen kosten verhältnismäßig viel Zeit, ohne dass Sie entsprechend etwas zurückbekommen?
Bauen Sie deshalb Ihr Engagement in Vereinen ab, ziehen Sie sich aus Ehrenämtern zurück, die Sie vor langer Zeit übernommen haben und die jetzt nicht mehr zu Ihnen passen. Verzichten Sie auf die Teilnahme an Sitzungen, bei denen es reicht, wenn Sie aus dem Protokoll die Ergebnisse erfahren, und klären Sie mit Ihrem Vorgesetzten, ob die Anwesenheit tatsächlich notwendig ist.

Als Frau sind sie sehr anfällig dafür, Aufgaben zu übernehmen, die nicht in Ihrem Verantwortungsbereich liegen. Hautptgrund dafür ist der Wunsch, geachtet und geliebt zu werden.

Tipp 2
Prioritäten finden

Finden Sie Ihre Prioritäten. Nicht immer ist das, was Sie als Erstes tun und was Ihnen am leichtesten von der Hand geht, auch das Wichtigste. Gerne halten wir uns bei Routinearbeiten auf oder vertiefen uns in eine Aufgabe, einfach weil sie Spaß macht. Außerdem vergessen wir dabei die Zeit.

Doch was ist das Wesentliche? Um das herauszufinden, stellen Sie sich folgende Fragen:

- Mit welchen Aufgaben erreichen Sie am meisten?
- Wo steht viel Geld auf dem Spiel?
- Wo entsteht der größte Schaden, wenn Sie etwas nicht rechtzeitig tun?
- An welchen Kriterien messen Sie Ihren Erfolg?
- An welchen Ergebnissen werden Sie von Ihrem Vorgesetzten gemessen?
- Wo können Sie Ihre Kompetenzen am nutzbringendsten einsetzen?

In der Regel geben Ihr Arbeitsvertrag oder Ihre Stellenausschreibung Antwort auf solche Fragen.

Bezogen auf Ihr Privatleben sind es Sie selbst, der darauf eine Antwort geben muss. Wofür wollen Sie

Ihre Zeit geben? Wann haben Sie das Gefühl, einen guten Feierabend, ein erfüllendes Wochenende verbracht zu haben? Reicht es, die freien Stunden dahinplätschern zu lassen, vor dem PC, dem Fernseher oder beim Durchblättern von Illustrierten? Oder wollen Sie auch diese Zeit mit Leben füllen?

Tipp 3
Prioritäten setzen

Setzen Sie Prioritäten bei Ihrer Planung. Dies wird Ihre Effizienz deutlich steigern, dazu ein

Beispiel:
Stellen Sie sich vor, Sie müssten in ein Einmachglas dicke Steine, Kieselsteine und Sand füllen. Alles soll Platz finden.

Sie füllen zuerst den Sand ein, dann die Kieselsteine und merken schließlich, dass es nicht klappt, auch noch die dicken Brocken unterzubringen.

Genauso machen wir es oft mit unseren Tagesaufgaben: Wir kümmern uns um Routinearbeiten, weil sie leicht von der Hand gehen, uns wenig anstrengen. Wir kennen die Abläufe, wissen, was zu tun ist. Dann kümmern wir uns um die Kieselsteine, die Dinge, die getan werden müssen, aber doch nicht die Hauptsache sind.

Wenn der Arbeitstag sich neigt, erinnern wir uns an die dicken Steine. Jetzt reicht aber weder die Zeit noch unsere Kraft dafür, diese Aufgaben zu einem guten Ende zu führen. Wenn wir in der umgekehrten Reihenfolge vorgehen, passt alles ins Glas – oder in unseren Tag und es ist gewährleistet, dass wir uns den Hauptaufgaben widmen und sie auch abschließen können.

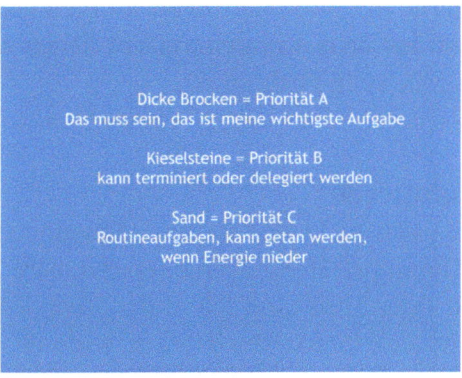

Tipp 4
Mit dem Chef sprechen

Sollten Sie in der letzten Zeit immer mehr zusätzliche Aufgaben übernommen haben, ohne entsprechend auf der anderen Seite welche abgeben zu können, wird Ihr Zeitbudget zweifellos überlastet. Suchen Sie das Gespräch mit Ihrem Vorgesetzten, die Daten aus dem Tagesrapport sind eine Grund lage. Konkrete Zahlen können Sie als Argumente einsetzen, Gefühle nicht. Sprechen Sie mit Ihrem Chef ab, welche Dinge in seinen Augen Priorität haben sollten, welcher Maßstab für deren Erledigung gilt und wer zu Ihrer Entlastung eingesetzt werden kann. Und holen Sie sich Rückenstärkung und sein Einverständnis dafür, was liegen bleiben kann.

Ein solches Gespräch muss auch erfolgen, wenn Sie von Ihrem Chef ständig neue Aufgabe übertragen bekommen und Sie nicht wissen, wann sie die jetzt schon anstehenden Dinge erledigen sollen. „Ich bereite gerne die Präsentation bis morgen vor, d.h. aber, dass das neue Kundenkonzept liegen bleibt. Ist das für Sie so in Ordnung?"

Tipp 5
Ziele definieren

Setzen Sie sich nicht nur im beruflichen, sondern auch in Ihrem privaten Leben überschaubare Ziele, denn mit ihrer Hilfe sind Sie in der Lage, Kurs zu halten und sich Ihren Prioritäten zu widmen.

Kleine Ziele beim Thema Freundeskreis könnten sein:
- Im Kalender schauen, wann Sie dafür Zeit haben
- Prüfen, ob es regelmäßige Möglichkeiten gibt. Sie müssen dann nicht jedes Mal einen neuen Anlauf machen und etwas verabreden.
- Überlegen, mit wem Sie besonders gerne zusammen sind

Solche Ziele stehen besonders zum Jahreswechsel auf der Tagesordnung – Vorsätze werden sie dann genannt. Doch wer zu viel auf einmal will, wird schnell aufgeben.

Es ist nicht nötig, sich stets mit ganzer Kraft dafür einzusetzen. Viel wichtiger ist es, wenn Sie mit Ausdauer und Geduld kontinuierlich kleine Schritte tun. Regelmäßig. Wer schnell und mit hohem Einsatz startet, gibt oft auch schnell wieder auf.

Denn es ist wie beim Bergsteigen. Wer einen hohen Gipfel erklimmen will, muss seine Kraft einteilen und darf sie nicht schon auf den ersten Metern verpulvern. Viel wichtiger als das Tempo ist die Bereitschaft, einen Schritt vor den anderen zu setzen, hin

und wieder eine Pause zu machen und zu schauen, was man schon geschafft hat. Das steigert die Motivation und hilft, über eine lange Strecke gehen zu können. Bleiben Sie also mit Ausdauer und Geduld dabei und gehen Sie kleine Schritte. Das aber regelmäßig.

Tipp 6
Wege zum Ziel finden

Finden Sie verschiedene Wege zum Ziel. Ein Ziel ist oft schnell definiert, genauso rasch auch eine Möglichkeit gefunden, wie es erreicht werden könnte. Doch die erste Idee ist nicht immer die sinnvollste und erfolgversprechendste.

Besser ist es, verschiedene Ideen zu sammeln, um dann auszuwählen, z.B. nach folgenden Kriterien:

- Wie hoch ist der Zeitaufwand?
- Wie groß ist die Erfolgswahrscheinlichkeit?
- Wie viel Kosten sind damit verbunden?
- Braucht es besondere Hilfsmittel und Ressourcen?
- Was macht am meisten Spaß?

Wer viele Wege zum Ziel kennt, gibt nicht beim ersten Fehlschlag auf. Er wird nicht sagen, „Es geht nicht.", sondern lediglich feststellen, „So geht es nicht." und einen neuen, einen anderen Anlauf nehmen.

Tipp 7
Schriftlich planen

Planen Sie schriftlich. Ganz gleich, ob es sich um einen beruflichen Tagesplan handelt, um die Vorbereitungen für einen Urlaub oder Ihre Jahresperspektive geht: Es reicht nicht, die Dinge im Kopf zu haben. Verbindlich für sich selbst werden sie erst in schriftlicher Form.

Ein schriftlich fixierter Plan ist nicht nur Gedächtnisstütze, er ist gleichzeitig auch Grundlage für die Planung späterer Vorhaben und ein gutes Instrument für die nachträgliche Bewertung Ihrer Planung.

Sie können daraus für die Zukunft lernen, Ihre Planung verbessert sich laufend. Das setzt allerdings voraus, dass Sie nach getaner Arbeit Ihre Ergebnisse noch einmal mit der Planung vergleichen.

Tipp 8
Eine To-Do-Liste erstellen

Erstellen Sie am Abend eine To-Do-Liste für den nächsten Tag. Vermerken Sie dabei schon die Prioritäten und auch, was Sie zur Erledigung Ihrer Vorhaben brauchen. Prüfen Sie, welche Informationen, Unterlagen oder Vorarbeiten von anderen, Ihren Kollegen, Ihrem Vorgesetzten oder Kooperationspartner nötig sind und ob diese Ihnen tatsächlich auch vorliegen.

So starten Sie am nächsten Morgen mit der Aufgabe, die den Erfolg des Tages garantiert, und laufen nicht Gefahr, sich mit Nebensächlichkeiten aufzuhalten. Sie werden so auch nicht zur Marionette der Bedürfnisse und Anliegen anderer. Denn das sind Sie, wenn Sie Ihren Tag damit beginnen, auf Mails und Anrufe zu reagieren, statt Ihren eigenen Prioritäten zu folgen.

Eine solche To-Do-Liste am Abend anzulegen, ist die beste Möglichkeit, den Tag zu beschließen. Mit Hilfe diesen Rituals wissen Sie, was am nächsten Tag auf Sie zukommt. Sie können abschalten, die Fragen des Arbeitsalltags hinter sich lassen und brauchen sie nicht in den Feierabend mitzunehmen.

Wenn Sie die Zeiten addieren, die Sie am nächsten Tag, in der kommenden Woche für die Aufgaben auf Ihrer To-Do-Liste brauchen, werden Sie vermutlich Abstriche machen müssen, denn alles wird realistischerweise nicht Platz haben. Prüfen Sie also die Machbarkeit, treffen Sie Entscheidungen oder teilen Sie die Aufgaben in kleine, überschaubare Häppchen auf.
To-Do-Listen machen auch für die Freizeit Sinn. Damit will ich nicht sagen, dass Sie am Feierabend, am Wochenende oder im Urlaub einem festen Plan folgen sollten.

Im Gegenteil:
Notieren Sie auf Ihrer Liste, welche Vergnügen Sie sich gönnen wollen, sei es, mit der Familie einen Spaziergang zu machen, sei es, das Buch zu lesen,

das schon lange auf Ihrem Nachttisch liegt, oder Ihr Motorrad wieder auf Vordermann zu bringen.

Das sind dann Ihre Prioritäten, das lässt Sie morgens mit Freude aufstehen und in Schwung kommen. Sie werden sich zufriedener, glücklicher und auch erholter fühlten, weil Sie getan haben, was Ihnen Spaß macht und Ihnen gut tut.

Tipp 9
Aufgaben notieren, nicht nur Termine

Notieren Sie Aufgaben und nicht Termine. Normalerweise werden in einer Agenda lediglich Uhrzeiten festgehalten und mit einem Stichwort versehen. Besser ist es, die Aufgabe zu benennen, die Sie sich für diesen Zeitpunkt vorgenommen haben. Also statt zu schreiben „Telefonat Dr. Franz" schreiben Sie besser „Terminabsprache Dr. Franz" oder „Lieferschwierigkeiten klären Dr. Franz".

Auf diese Weise finden Sie schneller den Einstieg in die Aufgabe und Sie verzetteln sich nicht durch spontane Einfälle. Und Ihr Unterbewusstes macht sich schon vorab auf die Suche nach dem besten Weg.

Tipp 10
Jeder Aufgabe einen Zeitraum geben

Geben Sie jeder Aufgabe einen Zeitraum. Wer gewohnt ist, To-Do-Listen zu schreiben, weiß, wie oft dies zum Frust führt, weil die zur Verfügung stehende Zeit mal wieder nicht gereicht hat.

Auf der Grundlage der Auswertung Ihrer Tagesrapporte sind Sie bereits in der Lage, realistischer zu planen. Und trotzdem gibt es noch ein Problem: Man sagt, dass jede Aufgabe so viel Zeit in Anspruch nimmt, wie man ihr gibt. Sie kennen das sicher aus eigener Erfahrung. Wenn Sie wissen, dass der Abgabetermin für das Datenblatt in zwei Stunden ist, geht die Arbeit flotter und zielorientierter von der Hand als wenn Sie denken, heute Nachmittag mache ich das Datenblatt fertig. Also: Nehmen Sie Ihre To-do-Liste und notieren einen Schätzwert, wie lange Sie für die jeweiligen Aufgaben brauchen. So bekommen Sie bereits zu Beginn einen Überblick darüber, wie viel Sie schaffen werden. Und gleichzeitig gehen Sie zielgerichteter ans Werk.

Tipp 11

Entlastungsfragen stellen

Nutzen Sie die Entlastungsfragen, bevor Sie sich an die Arbeit machen.

Frage	Aktion
Warum gerade jetzt?	Terminieren
Warum gerade ich?	Delegieren
Warum gerade so?	Rationalisieren
Warum überhaupt?	Eliminieren

Terminieren: Legen Sie einen Zeitpunkt fest, an dem Sie sich einer Aufgabe widmen wollen und es in Ruhe auch können. Die wenigstens Fragen müssen sofort beantwortet werden. Es sei denn, Sie sind Notarzt und werden zu einem Unfall gerufen. Erlauben Sie sich, Herr (oder Frau) Ihrer Zeit zu werden. Dies ist besonders wichtig, wenn Sie ständig mit vermeintlich sehr dringenden Aufgaben und Anliegen anderer konfrontiert werden. Wer sich dem Zeitdiktat anderer unterwirft, öffnet weiteren Forderungen Tür und Tor und spielt dem mangelnden Zeitmanagement von Kollegen in die Hände.

Delegieren: Haben Sie eine Scheu davor, Aufgaben zu delegieren, und meinen, es wäre besser und schneller, Sie erledigten sie selbst? Dann sollten Sie schleunigst umdenken. Delegieren heißt, andere zu befähigen, bestimmte Dinge zu erledigen.

Rationalisieren: Selbstorganisation hat viel mit Experimentieren und Ausprobieren zu tun. Fragen Sie sich, ob es nicht einen Trick gibt, mit weniger Zeit- und Kraftaufwand ein gutes Ergebnis zu erzielen. Wenn Sie auf diese Weise an die Sache herangehen, bekommen sogar Routineaufgaben und unliebsame Projekte ihren Reiz.

In der Familie bringen „mithelfende" Partner interessanterweise hier die meisten Ideen ein, weil sie eine Tätigkeit möglichst schnell hinter sich bringen wollen. Nörgeln Sie nicht gleich herum, dass es nicht so gemacht wird, wie Sie es sich vorstellen oder wie Sie gewohnt sind, es zu tun. Wichtig ist das Ergebnis, nicht der Weg dorthin. Und auch hier gilt wieder, die Standards, oft übernommen aus dem elterlichen Haushalt, zu überprüfen und gegebenenfalls zu modifizieren.

Eliminieren: Es gibt in jedem Unternehmen (und auch in jeder Familie) Dinge, die gemacht werden, weil es schon immer so war. Hier liegt ein großes Zeitsparpotenzial. Prüfen Sie einzelne Arbeitsschritte: Welchen Sinn und Nutzen haben sie? Wer braucht das? Gibt es heute nicht andere Möglichkeiten?

Auch in jedem Haushalt gibt es eine Reihe von verzichtbaren Tätigkeiten: häufige Einkäufe statt einmal in der Woche, Kleidung zu bügeln statt sie nur glattzustreichen, herumstehende Nippes, die abgestaubt werden müssen.

Tipp 12 Den Einsatz reduzieren

Haben Sie sich in der letzten Zeit besonders engagiert, um gute Ergebnisse zu erzielen oder Mehrarbeit zu leisten? Verlassen Sie Ihren Arbeitsplatz immer spät, oft lange, nachdem die Kollegen gegangen sind und nehmen dann auch noch Unterlagen mit nach Hause?

Zuerst glaubten Sie vielleicht, dies sei nur für einen bestimmten Zeitraum nötig, doch jetzt ist das Ende noch immer nicht abzusehen. Halten Sie sich an das Machbare, reduzieren Sie Ihren übermäßigen Einsatz. Und legen Sie Tage fest, an denen Sie regelmäßig pünktlich nach Hause gehen. Alles andere führt geradewegs zu einem Burnout.

Haben Sie schon von der 80/20-Regel gehört? Sie besagt, dass Sie 80 Prozent Ihres Erfolgs auf der Erledigung von 20 Prozent der richtigen Aufgaben beruhen. Welches die richtigen Aufgaben sind, bekommen Sie heraus, wenn Sie die Fragen nach den Prioritäten beantworten (siehe Tipp 3). Dazu kommt, dass es oft ausreicht, etwas in einer 80prozentigen Qualität zu tun und sich nicht übermäßig in Details zu verlieren. Z.B. können Sie, statt einen neuen Brief zu formulieren, einfach Ihre Antwort von Hand darunter setzen und das Schreiben zurückfaxen.

Überlegen Sie im Vorfeld, was Sie an diesem freien Abend gerne machen möchten. Verabreden Sie sich, durchforsten Sie die Zeitung oder das Kulturprogramm nach etwas Passendem oder wählen Sie ein schönes Plätzchen, an dem Sie die Seele baumeln lassen wollen. So geraten Sie nicht in Gefahr, am Ende des Tages doch wieder weiterzuarbeiten. Und darüber hinaus haben Sie den ganzen Tag die Vorfreude.

Tipp 13
Einen ungestörten Platz suchen

Planen Sie für wichtige Projekte und Aufgaben einige Zeit für ungestörtes Arbeiten ein und suchen Sie, wenn nötig, einen ruhigen Ort dafür auf. Dies kann ein ungenutztes Büro oder ein leer stehender Besprechungsraum sein. Vielleicht ist es auch möglich, einen Teil der Arbeit im Freien oder zu Hause zu erledigen. Alles, was Ihnen hilft, am Stück, ohne Unterbrechung zu arbeiten, sollte genutzt werden. Jede Störung verlängert die für die Aufgabe notwendige Zeit um mindestens um Drittel.

Tipp 14
Die Erreichbarkeit einschränken

Schränken Sie Ihre Erreichbarkeit ein. Stellen Sie den Ton ab, mit dem Ihnen der Eingang neuer Mails signalisiert wird, schalten Sie hin und wieder Ihr Handy aus, nutzen Sie den Anrufbeantworter, schließen Sie die Tür zu Ihrem Büro, um störungsfrei arbeiten zu können. Dies kommt Ihrer Konzentration und der Qualität Ihrer Ergebnisse zugute.

Leider gibt es immer noch viele, die glauben, ihre eigene Bedeutung dadurch unterstreichen zu müssen, dass sie immer und überall erreichbar sind. Doch das Gegenteil ist richtig: Wichtige Menschen können über ihre Zeit bestimmen und es sich leisten, sich abzugrenzen.

Besonders in Teamsitzungen ist es ineffizient, wenn Mitarbeiter ihr Handy auf Empfang lassen und bei jedem Anruf aus dem Raum gehen. Denn es hat zur Folge, dass Diskussionen nicht weitergeführt werden können oder aber derjenige über den neuen Stand informiert werden muss, wenn er zurückkommt.

Im direkten Gespräch ist es sehr unhöflich, zu unterbrechen und sich dem Anrufer zu widmen. Dies wirkt auf Ihr Gegenüber so, als ob Sie ihm sagen würden: „Der andere ist wichtiger."

Tipp 15
Die Tür schließen

Wenn Sie Ansprechpartner sind für Kollegen, teilen Sie ihnen mit, zu welchen Zeiten Sie am ehesten zur Verfügung stehen oder wann Sie nicht gestört werden wollen.

Suchen Sie ein Zeichnen, mit dem Sie nach außen signalisieren können, wann dies der Fall ist. Das kann die geschlossene Bürotür sein, ein Bitte-nicht-stören-Schild, das sie aus einem Hotel mitgebracht haben oder ein Wimpel auf dem Schreibtisch. Wichtig ist allerdings, dass Sie sich selbst auch an diese Zeichen halten, sonst werden Ihre Kollegen dies bald auch ignorieren.

Bitte nicht stören

Denken Sie daran, sich auch Rückzugsmöglichkeiten im familiären Umfeld zu schaffen. Gerade wenn Sie im Arbeitsalltag mit vielen Menschen zu tun haben und sich immer wieder neu darauf einstellen müssen, ist es notwendig, einen stillen Ort zu haben. Nur dann können Sie zur Ruhe kommen, Ihre Gedanken sammeln oder Antworten für Fragen finden, die Ihnen im Kopf herumgehen. Wer sehr angespannt nach Hause kommt, ist nie wirklich aufnahmebereit für das, was in der Familie passiert. Sie könnten auf dem Nachhauseweg Ihr Auto unterwegs parken und einen kleinen Spaziergang machen oder eine Station früher aus dem Bus steigen. Wenn das nicht möglich ist, dann führen Sie das Ritual ein, dass Sie zuerst einige ungestörte Minuten für sich sein können, bevor der Trubel des Familienalltags über Sie hereinbricht. Legen Sie die Beine hoch, hören Sie Ihre Lieblingsmusik oder schließen Sie einfach nur die Augen. Das Schild „Bitte nicht stören" an der Schlafzimmer- oder Badezimmertür verleiht Ihrem Wunsch Nachdruck.

Tipp 16
Rückfragen vorbeugen
Führungskräfte erleben oft, dass Mitarbeiter sich scheuen, die Verantwortung für eine Entscheidung zu übernehmen und deshalb durch Rückfragen Entlastung suchen. In solchen Situationen ist es hilfreich, wenn Sie als Vorgesetzte Mitarbeiter nach deren Lösungsvorschlägen fragen, um sie in ihrer Entscheidungskompetenz zu stärken. So wird es in Zukunft seltener zu Rückfragen kommen.

Tipp 17
Mails nur zweimal am Tag abrufen
In der Regel reicht es, wenn Sie Ihre Mails zweimal am Tag abrufen und sofort entscheiden, was damit geschehen muss. Damit es nicht zu ungeduldigen Nachfragen der Absender kommt, setzen Sie Ihre Kooperationspartner davon in Kenntnis. Oder Sie richten eine automatische Rückmail ein, mit der Sie über die Änderung Ihrer Arbeitsweise informieren.

Dieser Tipp ruft regelmäßig Widerstand bei meinen Seminarteilnehmern hervor; es könnte etwas Wichtiges übersehen und nicht bearbeitet werden. Besonders stark war dieser Widerstand bei einem Team aus dem pharmazeutischen Qualitätsmanagement. Dennoch waren sie bereit, den Versuch für wenige Tage zu wagen. Mit einem für sie überraschenden Ergebnis: Nichts ging verloren, nichts wurde verspätet beantwortet. Gewonnen hatten sie Ruhe und damit die Chance, ihre Projekte ungestört ein gutes Stück voranzubringen.

Sollte es in Ihrer Familie üblich sein, immer und überall zu schauen, welche Nachrichten eingegangen sind und welche aktuellen Informationen es auf den Sozialen Plattformen gibt, dann treffen Sie die Vereinbarung, zumindest bei den Mahlzeiten offline zu gehen. Dieser Zeitpunkt ist oft der einzige, an dem Familienmitglieder noch an einem Tisch sitzen und sich austauschen können. Es setzt allerdings voraus, dass Sie selbst ein gutes Vorbild sind und Ihr Smartphone ebenfalls unberücksichtigt lassen.

Tipp 18
Den Posteingang entrümpeln

Prüfen Sie in Ihrem Posteingang, ob alles, was ankommt, auch wirklich für Sie bestimmt ist. Wie oft stehen Sie unter CC (carbon Copy = Durchlag)? In den meisten Fällen reicht es, zu wissen, wo Sie Informationen finden, wenn Sie sie brauchen.[7]

Lesen Sie alle Newsletter, die Sie erhalten? Die Zeit, die Sie aufwenden, um hier aufzuräumen, ist gut investiert. Melden Sie ab, was Sie nicht brauchen, blockieren Sie Absender oder setzen Sie sie auf die Junk-Mail-Liste.

Das gleiche gilt für private Whatsapp-Gruppen, in denen oft sehr viel geredet und wenig gesagt wird. Vereinbaren Sie, auf nichtssagende Kommentare und das ewige Hin-und-Her zu verzichten, wenn es gilt, eine Verabredung zu treffen. Zeitsparender ist es allemal, das persönliche Gespräch zu suchen oder zum Hörer zu greifen, statt zu tippen.

Wer mit mehreren Personen einen gemeinsamen Termin finden möchte, tut sich leichter mit einem Doodle-Link, anstatt zu mailen oder zu telefonieren. Es hat außer Zeitersparnis noch einen anderen Vorteil: Jeder kann sehen, wann die anderen Zeit haben, und ist dann vielleicht eher bereit, einen eigenen Termin zu verschieben, um ein Treffen möglich zu machen.

Tipp 19
Die Drei-Minuten-Regel anwenden

Viel Zeit wird verschwendet, weil Sie die Dinge mehrmals in die Hand nehmen und nicht entscheiden, was damit geschehen soll. Jedes Mal brauchen Sie von neuem Zeit, um sich damit zu beschäftigen. Sie müssen es lesen und sich hineindenken. Alles, was zur Erledigung nicht länger als drei Minuten braucht, sollten Sie gleich in Angriff nehmen.

Entscheiden Sie:

sofort erledigen, sofort terminieren, sofort ablegen, sofort wegwerfen. Sich nicht entscheiden zu können oder zu wollen, ist ein sehr wirkungsvoller Zeiträuber - leider. Bieten Sie ihm Einhalt.

Angenommen Sie bekommen eine Mail:

- **Sofort erledigen:** Sie können Sie innerhalb von wenigen Minuten antworten: Per Rückmail, Telefonat oder den Gang zum Kollegen ins Nachbarbüro.
- **Sofort terminieren:** Sie haben dafür jetzt keine Zeit, es braucht eine Rücksprache, oder fehlen Informationen? Dann legen Sie fest, wann Sie antworten wollen und können.
- **Sofort ablegen:** Diese Mail war nur zu Ihrer Information, Sie werden sie aber zu einem späteren Zeitpunkt aber noch einmal brauchen? Dann legen Sie sie ab und zwar dort, wo Sie sie später auch suchen werden.
- **Sofort wegwerfen:** Die Nachricht ist nicht von Belang für Sie? Dann entsorgen Sie die Mail gleich. Und sperren möglicherweise weitere von diesem Absender.

Im Haushalt können Sie die Drei-Minuten-Regel natürlich ebenfalls anwenden: Etwas sofort wieder zurücklegen, wenn man es nicht mehr braucht. Geschirr abspülen oder zumindest einweichen, statt die Essensreste eintrocknen zu lassen. Wäsche aus der Maschine holen und aufhängen, da so oft auf das Bügeln verzichtet werden kann.

Tipp 20
Den Briefverkehr rationalisieren
Oft ist es nicht nötig, einen neuen Brief aufzu-
setzen. Sie können Ihre Antwort gleich unter das
erhaltene Schreiben setzen und dieses zurückfaxen
oder mailen.

Tipp 21
Delegieren
Delegieren Sie Arbeiten, die Sie nicht unbedingt selbst machen müssen. Delegieren können
Sie nicht nur, wenn Sie Mitarbeiter haben. Es ist
auch möglich, mit Ihren Kollegen zu verabreden,
sich wechselweise zu entlasten. Oder aber Arbeiten nach außen zu vergeben, wenn Sie selbst
nicht die Zeit oder die Fähigkeiten dazu haben
oder Sie diese nur mit einem unverhältnismä-
ßig hohen zeitlichen Aufwand erledigen können.

Delegieren bedeutet zu Beginn in der Tat einen
Mehraufwand an Zeit, doch sobald der Mitarbeiter
weiß, was zu tun ist, wird er zur Entlastung. Auf der
anderen Seite sollten Sie sich klar machen, dass Sie
in Ihrer Position für die Firma eventuell zu teuer
sind, wenn Sie selbst am Kopierer stehen, eine Reise
organisieren oder Excel-Tabellen erstellen. Oder in
dieser Zeit Dinge erledigen sollen, die nicht in Ihrem Kompetenzbereich liegen.

Dieses Thema betrifft vor allem Existenzgründer
und Jungunternehmer. Statt ihre Zeit zu nutzen
und Kunden zu gewinnen und Aufträge an Land

zu ziehen, sind sie oft sehr damit beschäftigt, ein Logo zu entwerfen, den Flyer druckfertig zu machen oder sich um die Buchhaltung zu kümmern. Erledigen sollten sie solche Aufgaben nur, wenn sie wirklich ein professionelles Ergebnis erzielen können. Ansonsten ist es ein Auftrag für Fachleute. Der eigene Part ist, mit ihrer Arbeit das Geld zu verdienen, um deren Honorar bezahlen zu können.

Was für die Firma gilt, gilt auch in der Familie. Eine berufstätige Mutter sollte sich nie alleine für die Belange im Haushalt zuständig fühlen. Berufen Sie eine Familienkonferenz ein und vereinbaren Sie, welche Arbeiten jeder in Zukunft (verlässlich) übernehmen wird. Vergeben Sie Aufträge nach außen oder stellen Sie jemanden ein, der Sie entlastet. Viele Frauen allerdings sind nicht bereit, einen Teil ihres verdienten Geldes dafür auszugeben. Das ist kurzsichtig. Denn es ist eine Investition in ihre berufliche Zukunft, in ihr Fortkommen und nicht zuletzt in ihre Gesundheit.

Niemand hat etwas davon, wenn eine berufstätige Mutter unter der Last der Verantwortung zusammenbricht. Verteilen Sie Zuständigkeiten auf alle Schultern und sorgen Sie konsequent dafür, dass Vereinbarungen eingehalten werden. Nicht ausgesprochene Erwartungen und Jammern über mangelnde Mithilfe ziehen nur schlechte Stimmung in der Familie nach sich. Ändern wird sich dadurch nichts.

Tipp 22
Aufgaben blockweise bearbeiten

Wenn Arbeiten sich gleichen, lassen sie sich in kürzerer Zeit bewältigen, weil Sie in den Ablauf eingestimmt sind. Auch brauchen Sie die dafür notwendigen Materialien nur einmal herzurichten, was ebenfalls Zeit spart. Angebote schreiben, Tätigkeiten erledigen, für die Sie bestimmte Werkzeuge brauchen, Telefonate erledigen, im Internet recherchieren, Themen statt mit einzelnen Mitarbeitern im Team besprechen…

Im Haushalt könnte das sein: Bad und WC putzen, alle Räume saugen, überall die Blumen gießen, den Speise- und Einkaufsplan für eine Woche erstellen, so kochen, dass es möglich ist, mehrere Mahlzeiten daraus zu zaubern. Wenn Sie in Ihrem Haus in jedem Stockwerk die notwenigen Putzutensilien wie Besen, Lappen, Handfeger und Schaufel deponieren, sparen Sie sich unnötige Laufereien und damit auch Zeit.

Tipp 23
Sich auf den Augenblick konzentrieren

Arbeiten Sie im Jetzt und gestatten Sie Ihrem Kopf nicht, schon bei der nächsten Aufgabe zu sein. Diese Zerrissenheit zwischen Gegenwart und Zukunft belastet ganz besonders. Wenn Ihnen etwas anderes in den Sinn kommt, während Sie an einer Arbeit sitzen, machen Sie sich eine Notiz, damit dieser Gedanke nicht verloren geht, und wenden sich dann wieder der ursprünglichen Aufgabe zu. So wird nichts vergessen.

Aber was noch wichtiger ist: Das Zur-Seite-Schieben der Notiz signalisiert Ihrem Inneren, dass dieses Thema jetzt nicht dran ist.

Tipp 24
Terminieren

Verschieben Sie Dinge, die Sie nicht erledigen können, nicht auf unbestimmte Zeit, sondern bestimmen Sie einen neuen Termin. Bei Arbeiten, die jeden Tag wieder auf Ihrer To-Do-Liste auftauchen, sollten Sie sich fragen, ob Sie diese überhaupt erledigen müssen oder wollen. Offensichtlich gab es bisher keine Konsequenzen, weil Sie sie vertagt haben.

Wenn Sie aber nicht darum herumkommen, nehmen Sie sich diesen Dauerbrenner gleich für den nächsten Morgen vor. Sonst sitzt er Ihnen im Nacken und kostet jede Menge Energie.

Ein wesentlicher Hinderungsgrund ist oft, dass wir nicht wissen, was von uns erwartet wird. Sind diese Fragen, was zu tun ist, dann erst einmal geklärt, läuft es plötzlich wie geschmiert. Eine Motivation auch bei ungeliebten und unangenehmen Aufgaben ist, sich zu vergegenwärtigen, wie gut das Gefühl sein wird, wenn sie geschafft ist.

Tipp 25
Den Perfektionismus abbauen

Bauen Sie Ihren Perfektionismus ab. Sie werden nie erreichen, eine Sache so zu erledigen, dass sie nicht noch zu verbessern wäre. Perfektionismus kostet viel Zeit und nimmt Ihnen vor allem die Gelegenheit, sich an dem Ergebnis zu freuen. Wer Perfektionismus anstrebt, wird nie ok sein und nie Grund haben, sich selbst auf die Schulter zu klopfen.

Wenn Sie Ihre Prioritäten kennen, dann wissen Sie auch, wo es Sinn macht, ein optimales Ergebnis anzustreben, und wann es genügt, hinreichend gut zu sein.

Denken Sie bei privaten Einladungen z.B. daran, dass das Zusammensein und das Gespräch mit Ihren Gästen wichtiger sein sollten als das perfekte Menü oder die bis ins Detail abgestimmte Tischdekoration. Bleiben Sie entspannt. Glauben Sie nicht beweisen zu müssen, dass Ihnen niemand auf allen Ebenen und in allen Bereichen das Wasser reichen kann. Nicht perfekt zu sein ist menschlich, es macht Sie vor allem – sympathisch.

Tipp 26
Ordnung schaffen
Schaffen Sie Ordnung an Ihrem Arbeitsplatz. Stapel unerledigter Aufgaben, unnötiger Krimskrams

lenken ab und lassen Ihre Gedanken schweifen. Unordnung signalisiert Ihnen, dass Sie vor Bergen von Arbeit stehen und dass Sie die Dinge nicht im Griff haben.

Auf Ihrem Tisch, vor Ihren Augen sollte das liegen, womit Sie sich im Augenblick beschäftigen wollen. Alles andere deponieren Sie in Holnähe, d.h. auf dem Regal hinter Ihnen, auf einem Beistelltisch oder im Schrank. Da Sie eine aktuelle To-Do-Liste haben, brauchen Sie keine Angst zu haben, dass Sie etwas vergessen. Sie holen die Unterlagen dann, wenn sie dran sind.

Niemand hat Lust, in einer unaufgeräumten Küche eine Mahlzeit zuzubereiten. Bevor Sie also loslegen, sollten Sie alles, was nicht unmittelbar jetzt gebraucht wird, zur Seite legen oder - besser noch - an seinen Platz zurückbringen. Der Überblick sorgt dafür, dass Sie nichts an Zutaten vergessen und nichts umstoßen oder verschütten, weil etwas im Weg steht.

Tipp 27
Den Spaß suchen

Wer Freude an einer Aufgabe empfindet, arbeitet leichter und versetzt sich in Flow. Fragen Sie sich also immer wieder, was Ihnen an Ihrer Arbeit oder an einem bestimmten Projekt gefällt, und setzen Sie sich nicht ständig damit auseinander, was nervt oder was zumindest keinen Spaß macht. Bei mancher Routineaufgabe reicht es, sich selbst anzuspornen, indem man einen anderen Weg findet, die Dinge zu tun, oder sein Tempo etwas zu steigern.

So könnte jemand, der eine Ablage organisieren muss, ein eigenes System der Vorsortierung erfinden. Oder sich entscheiden, eine Mappe anzulegen, in der alle Materialien für Kundentelefonate gesammelt sind. Oder eine Liste der typischen Kundenfragen anlegen. Manchmal reicht schon, sich schönes Büromaterial anzuschaffen oder – wenn erlaubt – Musik bei Routineaufgaben zu hören.

Mit Musik oder einem Hörbuch macht auch Hausarbeit mehr Spaß. Leisten Sie sich gut sitzende Kopfhörer und legen Sie eine Sammlung an Titeln an, die Sie beflügeln. Und schon geht es besser. Gerade im Haushalt wird oft am richtigen Handwerkszeug gespart. Wie oft haben Sie sich schon über den Besen geärgert, der sich immer wieder vom Stiel löst, oder über die Putzlappen, die sich in ihre Bestandteile auflösen? All das signalisiert Ihnen, dass dieser Zustand gut genug für Sie ist und Sie nichts Besseres verdient haben. So wird jede Hausarbeit zur Strafe. Stellen Sie sich vor, Sie wären Ihre eigene Angestellte. Welche Gerätschaften würden Sie dann zur Verfügung stellen? Es geht viel leichter von der Hand, spart Zeit und macht mehr Spaß, wenn Ihre Hilfsmittel optimal funktionieren.

Tipp 28
Fortschritte erkennen und würdigen
Jeder sucht die positive Rückmeldung für geleis-

tete Arbeit, doch in den seltensten Fällen kommt sie von Kollegen oder gar vom Vorgesetzten. Auch selbst ist man eher dabei, auf Fehler zu achten. Wer kleine Fortschritte auf dem Weg zum Ziel erkennt und sich dafür bildlich gesprochen auf die Schulter klopft, motiviert sich und stärkt sein Selbstwertgefühl.

Sie sollten also nicht nur stolz sein, wenn Sie ein gestecktes Ziel erreicht haben, sondern sich auch dann Anerkennung zusprechen, wenn sie diesem ein Stück näher gekommen sind.

Wer z.B. vor Publikum sprechen muss, ist danach schnell dabei zu betonen, was noch hätte besser laufen können. „Die Präsentation war nicht ausgefeilt genug." „Der Einstieg etwas holperig." „Die Antworten auf Nachfragen kamen nicht so spontan wie gewünscht." Und doch: Sie haben das erste Mal vor einer so großen Runde gesprochen, sogar der Chef war da, Sie haben nichts vergessen, weil Ihre Notizen gut abgefasst waren. Das nächste Mal können Sie auf die anderen Punkte achten. Aber jetzt ist erst einmal Grund, mit sich zufrieden zu sein.

Tipp 29
Den Monitor ausschalten

Bildschirme aller Art stehlen uns enorm viel Zeit und Energie und schaden den Augen. Schalten Sie nach Möglichkeit den PC immer wieder mal ab. An vielen Arbeitsplätzen muss er nicht ständig hochgefahren sein. Nach Feierabend sollten Sie zu

Hause nicht automatisch den Rechner oder das Fernsehgerät einschalten oder zumindest die Zeit daran einschränken. Entdecken Sie wieder das Leben ohne flimmernde Scheiben.

Tipp 30
Entschleunigen

Nehmen Sie immer wieder einmal Tempo raus. Etwas langsamer zu sein, wird Ihnen gut tun. Besonders dann, wenn es darauf ankommt und Sie ein gutes Ergebnis erzielen möchten.

Arbeiten Sie Schritt für Schritt und unterdrücken Sie den Wunsch, schon beim Start fertig sein zu wollen. Nehmen Sie wirklich wahr, anstatt nur zu scannen. Lesen Sie Texte aufmerksam und überlegen Sie Ihre Antwort auf Mails. Sie werden weniger Fehler machen und seltener Missverständnisse aus dem Weg räumen müssen.

Wer sich Zeit lässt, wird produktiver und hat dennoch den Eindruck, mehr Zeit zu haben. Leider ist es heute ein Credo in den meisten Unternehmen, dass man alles sehr schnell erledigen sollte. So werden Entscheidungen gefällt, ohne nach einer anderen, besseren Lösung zu chen. Produkte werden zu schnell auf den Markt gebracht, ohne zu prüfen, ob sie fehlerfrei funktionieren.

Tipp 31
Multitasking vermeiden

Vermeiden Sie Multitasking, wir sind dafür nicht gemacht. Sie überfordern Ihre Konzentrations- und

Merkfähigkeit, machen Fehler und zumindest eine der Aufgaben, die Sie parallel erledigen, wird leiden.

Im Gespräch mit anderen ist es außerdem unhöflich,
nicht die ungeteilte Aufmerksamkeit zu schenken und nebenher Mails abzufragen oder eine SMS zu verschicken. Frauen sind oft besonders stolz darauf, multitaskingfähig zu sein. Doch für sie gilt das oben Gesagte in gleicher Weise. Wer zu viel auf einmal will, wird nervös und unruhig und kommt auf die Dauer dem Burnout näher.

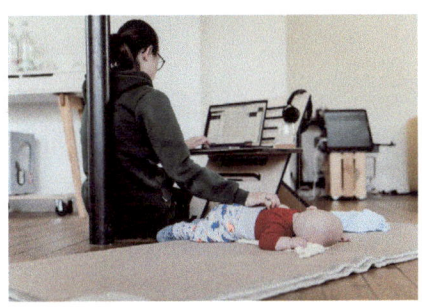

Genießen Sie es, zumindest hin und wieder, in Ruhe eine Mahlzeit zuzubereiten, einige Seiten eines Buches zu lesen oder sich ganz auf das Gespräch mit Ihrem Partner oder Ihrem Kind einzulassen. Sie werden die wohltuende Wirkung spüren.

Tipp 32
Die Technik nutzen

Lassen Sie nicht zu, dass die neuen technischen Möglichkeiten Ihnen mehr Zeit rauben als schenken. Lernen Sie Tricks und Tipps, wie

Sie die an Ihrem Arbeitsplatz typischen Tätigkeiten damit zeitsparender erledigen können.

Und nutzen Sie die Funktionen der Geräte, die Ihnen zur Verfügung stehen. Sogar Routinearbeiten verlieren dadurch ihre Eintönigkeit und lassen sich zu einer spielerischen Herausforderung verwandeln. Abgesehen davon, dass Sie am Ball bleiben.

Wer erst einmal abgehängt hat, findet so schnell keinen Einstieg mehr. Und suchen Sie sich kompetente Unterstützung, wenn es mit autodidaktischem Vorgehen nicht klappt oder zu lange dauert.

Tipp 33
Nein sagen

Lernen Sie, Nein zu sagen. Nein-Sagen ist ein machtvolles Instrument der Selbstorganisation. Bevor Sie auf den Wunsch Ihres Gegenübers eingehen, fragen Sie nach:

- Was genau ist zu tun?
- Bis wann soll es erledigt sein?
- Wer wird Sie dabei unterstützen?
- Wie viel Zeit müssen Sie dafür veranschlagen?

Möglicherweise wissen Sie danach schon, dass Sie dem Wunsch nicht entsprechen wollen oder können. Dann sagen Sie es gleich. Im anderen Fall wird Ihre Antwort sein: „Ich denke darüber nach und melde mich wieder". Lassen Sie sich also auf keinen Fall die Pistole auf die Brust setzen und zu einer schnellen Zusage verleiten. Gerne nutzen die Fragenden Schmeicheleien oder Manipulationen, um ihr Ziel zu erreichen. „Du bist die Einzige, die das kann." „Keiner macht es so gut wie du." Bleiben Sie standhaft und sichern Sie sich Bedenkzeit.

Um eine gute Entscheidung treffen zu können, ist es allerdings nötig, dass Sie selbst wissen, was Sie mit Ihrer Zeit anfangen wollen. Denn wer nicht plant, der wird von anderen verplant werden.

Stimmen Sie aus vollem Herzen zu, wenn Sie selbst das wollen und lehnen Sie ab, wenn es Ihnen richtig erscheint.

Tipp 34
Checklisten anlegen

Legen Sie Checklisten an. An vielen Arbeitsplätzen gibt es Aufgaben, die in regelmäßigem Rhythmus anfallen. Dies kann die Organisation einer Konferenz sein, das Abfassen und Versenden von Kundenpost oder die Planung und Durchführung einer Marketingkampagne.

Sie tun sich leichter, wenn Sie für solche Wiederholungen eine Checkliste anlegen, an der Sie sich orientieren können. So ist gewährleistet, dass nichts vergessen und im richtigen Ablauf angegangen wird. Eine Checkliste leistet auch gute Dienste, wenn neue Mitarbeiter oder Vertretungen mit den Aufgaben betraut werden sollen.

Wenn Sie die Checklisten bei neuen Durchläufen ergänzen und aufgrund Ihrer Erfahrungen überarbeiten, sind Sie in einem kontinuierlichen Verbesserungsprozess. Dies kommt der Qualität der Ausführung zugute und spart enorm Zeit.

Auch im Privatleben leisten Checklisten gute Dienste:

- Sie erleichtern sich damit die Urlaubsplanung und sorgen dafür, dass wirklich alles in den Koffer packen (ich habe verschiedene Packlisten: für Flug oder Auto, für Sommer oder Winter)
- Sie helfen bei der Organisation und Terminplanung regelmäßig wiederkehrender Feste und der Weihnachtsbäckerei
- Sie sind eine Gedächtnisstütze und schaffen Klarheit bei der Aufteilung von Hausarbeiten, z.B. in Form von Putzplänen

Tipp 35
Arbeiten sinnvoll unterbrechen

Unterbrechen Sie Arbeiten sinnvoll. Nicht immer ist es möglich, eine Aufgabe zu Ende zu führen. Wenn Sie unterbrechen müssen, heften Sie einen Zettel dazu, auf dem genau vermerkt ist, was als Nächstes zu tun ist. So finden Sie leichter wieder den Anschluss.

Zu guter Letzt:
Machen Sie Pausen. Rechtzeitig.

Besonders leistungsfähig ist nicht derjenige, der ohne Unterlass arbeitet, sondern der, der weiß, wann es Zeit für eine Pause ist, und sich diese dann auch zugesteht.

Kennen Sie maskierte Pausen? Das sind Zeiten des Leerlaufs, ohne dass sie die erholsame Wirkung einer bewusst gesetzten Pause hätten. In maskierten Pausen gönnen Sie sich die gezielte Unterbrechung nicht, sondern schieben stattdessen Ihre Werkstücke oder Akten hin und her, schauen aus dem Fenster, laufen ohne konkreten Anlass durch das Zimmer oder den Flur.

Setzen Sie eine Zäsur, z.B. wenn ein Arbeitsschritt beendet ist oder wenn Sie spüren, dass Ihre Muskeln sich verspannen. Trinken Sie einen Schluck Wasser und machen Sie einige Lockerungsübungen. Wenn Sie so sehr im Arbeitsprozess eingespannt sind, dass Sie die Zeichen Ihres Körpers nicht mehr wahrnehmen, können Sie sich einen Timer oder eine App laden, die Sie daran erinnert.

Sie haben lange an einem Problem getüftelt? Dann ist es jetzt Zeit für ein kleines Schwätzchen mit dem Kollegen in der Teeküche oder beim Kaffeeautomaten. In der Muße schöpfen Sie neue Energie, es tauchen Ideen und Problemlösungen auf, die Motivation kommt zurück.

Eine rechtzeitige Pause ist nie verlorene Zeit.

Schlussbemerkung

„So viele Tipps", werden Sie jetzt denken, „das ist doch auch schon wieder Arbeit".

Um die eigene Effizienz zu steigern, ist es nicht nötig, alle gleichzeitig umzusetzen. Beginnen Sie, eine oder zwei kleine Veränderungen in Ihren Alltag einzubauen und prüfen Sie nach einiger Zeit deren Wirkung.

Ob ein Tipp wirklich etwas für Sie ist, hängt natürlich auch von den Gegebenheiten an Ihrem Arbeitsplatz ab. Als Projektleiter in einer IT-Firma haben Sie andere Rahmenbedingungen als eine Ärztin oder als Geschäftsführer einer Supermarktfiliale. Und es hängt zudem davon ab, was Ihre Vorgesetzten ,akzeptieren.

Probieren Sie alles aus, was irgendwie klappen könnte. Und stecken Sie vielleicht sogar Ihre Kollegen und Kolleginnen an. Wer das Gefühl hat, nicht Opfer der Situation zu sein, sondern sein (Arbeits-) Leben gestalten kann, tritt aus dem Teufelskreis heraus. Er fühlt sich selbstwirksam, wie die Psychologen das nennen. Und das gibt Selbstvertrauen und macht mutig für die nächsten Schritte.

Hallo,
ich bin Ursula Kraemer, Business- und Gründungs-coach, Buchautorin, Bloggerin, Moderatorin und Vortragsrednerin.

Vor mehr als 30 Jahren stand ich vor der Herausforderung, die eigene (stundenweise) Berufstätigkeit,den Haushalt, die Kinder und die Rolle einer mithelfenden Ehefrau unter einen Hut zu bringen. Und so studierte ich alles, was es zum Thema gab und baute in meinen Tagesablauf ein, was mir half, meinen Aufgaben gerecht zu werden. Als ich dann mit meiner Selbständigkeit in Vollzeit startete, war es kein Wunder, dass das Thema Zeitmanagement eines meiner ersten Seminarangebote wurde. Denn wenn ich die Erfahrung gemacht habe, dass etwas funktioniert, gab und gebe ich es gerne weiter.

Im Laufe der Jahre habe ich sehr viele Frauen und Männer in meinen Seminaren, Coachings und Vorträgen mit den Methoden des Zeitmanagements vertraut gemacht und erleben dürfen, welchen Nutzen sie daraus ziehen.

Mit diesen Tipps möchte ich Ihnen, liebe Leserinnen, lieber Leser, das Wichtigste davon an die Hand geben. Auch Sie werden davon profitieren, vorausgesetzt, Sie lesen es nicht nur, sondern wenden es auch an.

Mehr über mich erfahren Sie auf meiner Website https://www.navigo-coaching.de und auf meiner Facebookseite selbstbewusstwerden.

Auf den beiden Blogs https://www.leben50plus.info/ und https://www.selbstbewusst-werden.info/ finden Sie laufend neue Artikel, Buch- und Filmtipps und Onlinekurse.

Folgen Sie mir gerne auf Facebook und abonnieren Sie meinen YouTube-Kanal, dort gibt es regelmäßig Coachingtipps und Interviews.

Sie konnten einige meiner Tipps mit Erfolg umsetzen? Dann schreiben Sie mir doch. Oder haben Sie ein Thema vermisst? Auch dann ist es schön, wenn Sie mit mir Verbindung aufnehmen.Vielleicht kann ich mich direkt, in einem Blogartikel oder einer persönlichen Mail mit Ihrer Frage befassen.

Vielleicht möchten Sie auch ein persönliches Coaching, um Ihre Selbstorganisation zu verbessern. Dann vereinbaren Sie gerne einen Termin mit mir.

Ich freue mich auf Sie
Ursula Kraemer
uk@navigo-coaching.de

Weitere Bücher von Ursula Kraemer

Ich mach mich selbständig
Frauen gründen anders
Für eine erfolgreiche Gründung braucht es eine gute Basis:

- eine stimmige Positionierung
- Sichtbarkeit im Netz und im Umfeld
- die richtigen Marketingstrategien
- Werbung, die Kunden anspricht
- die Fähigkeit, im Kundenkontakt zu verkaufen
- einen guten Preis zu erzielen

Was Frauen besonders schwer fällt, ist der Verkauf ihrer Dienstleistung. Denn das bedeutet, sich selbst und seine Fähigkeiten in den Mittelpunkt stellen zu müssen. Dem dafür nötigen Selbstbewusstsein, der Vorbereitung und Führung des Verkaufsgesprächs und der Preisverhandlung sind deshalb besondere Kapitel gewidmet.

Nimm dein Leben in die Hand
Wer Veränderung möchte, darf sich nicht auf ausgetretenen Pfaden bewegen, sondern muss mutig Neues ausprobieren, Chancen ergreifen, die sich bieten, und Gelegenheiten schaffen, wo noch keine sind.

In diesem Buch schildert Ursula Kraemer ihren Weg, der sie schließlich über etliche Stationen zu ihrer Berufung führte: Sie wurde Coach, machte sich selbständig und schaffte den Spagat zwischen erfolgreicher Arbeit, Zeit für ihre Kinder und persönlichen Hobbys.

Kein Jahr wie das andere – Leben wie ich es will
Ein Selbstcoachingbuch zur persönlichen Reflexion, Standortbestimmung und Neuausrichtung. Mit nachdenkenswerten Impulsen und ungewöhnlichen Fragen wird der Leser/die Leserin angeregt, die eigenen Antworten in diesem Buch niederzuschreiben. Dies hilft nicht nur, Erinnerungen festzuhalten. Gleichzeitig können zukünftige Schritte notiert werden, die ein weitgehend selbstbestimmtes Leben möglich machen.

Ich entscheide mich. Jetzt.
Wie Sie zu guten Lösungen kommen
Mit Hilfe dieses Arbeitsbuchs werden Sie in der Lage sein, eine für Sie stimmige und zufriedenstellende Entscheidung zu treffen, weil Sie wissen, wie Ihre konkrete Entscheidungsfrage lautet, welche Optionen Ihnen zur Verfügung stehen und nach welchen Kriterien Sie diese bewerten und auswählen. Ein Entscheidungspfad leitet Sie durch alle Phasen des Entscheidungsprozesses.

Aufbruch zu neuen Ufern –
Gut vorbereitet in den Ruhestand
Wer bin ich, wenn ich nicht mehr arbeite? Was kommt, wenn der Terminkalender das Leben nicht mehr bestimmt? Der Eintritt in den Ruhestand ist ein einschneidendes Ereignis. Wer die anstehende Phase positiv gestalten will, tut gut daran, sich rechtzeitig darauf vorzubereiten.

Mit Vorschlägen, Ideen, konkreten Tipps, mit eigenen Erfahrungen und Beispielen aus ihrer Coachingpraxis begleitet Sie die Autorin auf dieser Suche. Finden Sie heraus, was Ihr Leben im Ruhestand erfüllend macht.

Mein Brustkrebs heißt Hermann. Wie er die Räumungsklage erhielt und ich die Zuversicht nicht verlor

Der Befund Brustkrebs bedeutet für jede Frau einen tiefen Einschnitt in ihr Leben. Massiver aber noch ängstigen Ungewissheit und Unsicherheit: Wie verstümmelt werde ich nach der Operation sein? Wie groß werden die Schmerzen sein? Was kann ich selbst entscheiden? Wie überstehe ich die Zeit der Therapie? Wie wird mein Leben danach aussehen?

Selbstbewusst kommunizieren
Schwierige Gespräche souverän meistern

Du möchtest verbale Angriffen gekonnt abwehren, bei Kritik spontan reagieren und selbstbewusst Nein sagen? Du möchtest dein Gehalt verhandeln, Small Talk lernen und vor Publikum frei sprechen?

Dann ist dieses Buch genau das Richtige für dich. Für schwierige Gespräche bekommst du sofort anwendbare Tipps, konkrete Formulierungen und Checklisten. Probiere aus, was zu dir passt. Du wirst wachsen und dein Umfeld wird dich mehr respektieren.

Außerdem male und zeichne ich:
Das Alphabet in Bildern Version 1 und 2

Hundeschnauze mit Charakter
Bilder, die ein Lächeln auf das Gesicht zaubern
Ein Kalender in verschiedenen Formaten